L'EUROPE, AVENIR DE L'INDUSTRIE FRANÇAISE

Essai

Éditeur : Vincent Pichon-Varin
Couverture : Caroline Keppy
Mis en pages par Soft Office
Photo de couverture : © Jean-François Deroubaix

92, avenue de France
75013 Paris

Vous pouvez consulter notre catalogue général
et l'annonce de nos prochaines parutions
sur notre site : **www.cherche-midi.com**

Jean-Pierre Clamadieu

L'EUROPE, AVENIR DE L'INDUSTRIE FRANÇAISE

Essai

le cherche midi

Sommaire

Introduction 9

1. L'industrie, une identité blessée 17

La désindustrialisation :
recomposition mondiale, choc national 20

La peur du déclassement
et la fin des aventures collectives 27

La crise sanitaire, catalyseur
de nouvelles inquiétudes
et de nouveaux espoirs 32

Une entreprise ne se conserve pas
dans le formol 37

À l'ère numérique,
l'industrie se réinvente 48

2. L'Europe, la force d'un modèle 53
À l'avant-garde de la transition énergétique 56
Du contrat social à la raison d'être 63

3. La bataille industrielle est aussi culturelle 77
Entre la Chine et les États-Unis, une troisième voie 80
Les normes : nerf de la guerre 86
Il n'y a de richesse que d'hommes 97

4. L'Europe, terre de projets 105
Le continent des révolutions industrielles 107
L'Europe des batteries 110
L'hydrogène, un projet mobilisateur essentiel à une transition énergétique efficace en Europe 114

Conclusion 121
Biographie 125
Remerciements 127

INTRODUCTION

Le 30 mai 2020, devant mon écran, je découvre avec curiosité le premier lancement d'un vol spatial habité organisé par une entreprise privée, SpaceX, dans un décor, une mise en scène et des costumes dignes d'une série à succès. Les souvenirs marquants de notre histoire scientifique et industrielle me reviennent alors en mémoire avec cette question : quelles grandes conquêtes industrielles pourraient aujourd'hui porter l'Europe ? Quelques mois plus tard, j'assiste avec émotion à la célébration des 40 ans du TGV, anniversaire qui, pour le fils de cheminot que je suis, s'apparente à un événement familial. Dans le même temps, les premiers débats de la campagne présidentielle agitent déjà le monde médiatique et j'entends, avec eux, revenir le flot des lamentations sur le déclassement de la France, notre puissance industrielle perdue, un avenir sombre qui devrait nous conduire à un plus grand repli.

Ce qui motive ce texte, c'est mon inquiétude face au déclinisme ambiant qui constitue une inutile remise en question pour une industrie française et européenne qui a, j'en suis sûr, le potentiel pour s'imposer comme leader dans la prochaine révolution industrielle. Certains pourraient dire : « Qu'importe les commentateurs, agissons. » Mais je reste convaincu qu'on ne construit pas de grandes nations industrielles sans embarquer les peuples. Il reste bien sûr des questions qui fâchent : était-il inévitable que la sidérurgie quitte en grande partie l'Europe ? Probablement. Cela signifie-t-il la fin du rêve industriel ? Bien sûr que non !

Ces réponses peuvent déplaire, elles sont pourtant pleines de promesses. *A minima*, des promesses de vérité et de responsabilité.

Pour ma part, j'y vois surtout la promesse d'une ambition industrielle européenne retrouvée et la possibilité offerte de se projeter collectivement.

L'industrie, qu'elle relève du fantasme ou de la réalité, occupe notre imaginaire collectif, qu'il soit national ou européen. De la machine à vapeur aux calculateurs en passant par les vaccins, les avions de ligne et la voiture électrique, ce sont presque trois siècles d'innovations et de révolutions qui ont façonné nos manières de vivre mais également bouleversé nos quotidiens. C'est également le premier vol du Concorde ou d'Airbus, le premier lancement de la fusée Ariane, le premier trajet du TGV entre Paris et Lyon, qui nous ont donné un sentiment de fierté collective que les Français gardent en mémoire. Aujourd'hui, derrière la question industrielle, c'est l'image de la France qui se dessine et la grande vague des délocalisations nous renvoie à une grandeur perdue, celle des Trente Glorieuses et du plein-emploi. Entretenant cette nostalgie fantasmée, des cassandres ont souvent rendu beaucoup plus difficiles les mutations nécessaires, masquant pour nos concitoyens le formidable potentiel d'innovations, de richesses et d'initiatives en faveur de la planète que possède notre industrie européenne comme sa capacité à relever les défis auxquels la planète et ses habitants font face.

Même si nous n'avons pas bien négocié le tournant de certaines restructurations d'importance au début de ce siècle, le tableau a été volontairement noirci par les chantres du déclin. Preuve autant de leur méconnaissance du sujet que d'une volonté cynique de prospérer sur l'inquiétude et la colère de ceux qui ont été pris dans le tourbillon de transformations provoqué par la mondialisation. Si nous vivons aujourd'hui un essoufflement collectif face au culte de la performance et de l'adaptation permanente, ce n'est pas que les Français sont, par essence, des « Gaulois réfractaires ». La conservation des acquis et des modèles existants paraît, légitimement ou non, un meilleur équilibre, pour ceux qui n'ont pas encore vu les fruits des promesses de progrès social et économique formulées en échange de leur adhésion aux réformes mises en œuvre au fil des décennies.

Face à une défiance aussi solidement installée, comment redonner foi en l'avenir et comment faire que le changement devienne, aux yeux de nous tous, une opportunité et non une menace ?

Je m'inquiète d'un conservatisme industriel qui propage l'idée d'une industrie monolithique et incapable d'évoluer, tel le dernier reliquat d'une splendeur passée à conserver dans le formol. Je suis convaincu que ce conservatisme industriel étouffe nécessairement un bouillonnement de créativité et d'innovation qui ne demande qu'à être libéré, et qu'il porte en lui nos futures défaites.

Au sein de l'écosystème mondial, nos atouts sont plus nombreux que nos faiblesses et nous protégeront mieux que n'importe quelles murailles ou frontières.

Dans ce débat souvent préempté par les théoriciens, les législateurs, quand ce n'est pas par les marchands de peur, j'ai voulu avec simplicité livrer le retour d'expériences d'un praticien et partager le fruit de rencontres avec ceux qui participent à la prospérité de la France et de l'Europe. Chacun a sa place dans le projet qui s'ouvre devant nous. Après vingt années à diriger des groupes industriels internationaux confrontés à des mutations permanentes, et parfois menaçantes, ma foi en notre capacité à nous adapter et à réussir collectivement reste intacte. Dans la bataille économique qui oppose les grandes régions du monde, je suis convaincu que l'Europe a plus que son mot à dire, elle a une véritable place de leader à prendre et un modèle original à proposer entre ceux offerts par les États-Unis et la Chine. Et, dans le combat pour la mise en place des nouveaux standards qui définiront la performance des entreprises et en particulier celle qui va au-delà des critères financiers habituels, la France et l'Europe ont la capacité d'imposer une vision portée par un idéal universaliste, aussi imparfait soit-il. Ajoutons à cela quelques grands projets mobilisateurs bien choisis permettant d'illustrer la capacité de l'industrie européenne à relever des défis planétaires, et le sentiment de déclin laissera alors place à la fierté d'une audace retrouvée.

Chapitre 1

L'INDUSTRIE, UNE IDENTITÉ BLESSÉE

Pour les Français qui, comme moi, ont grandi dans l'euphorie productiviste des Trente Glorieuses, la désindustrialisation s'est imposée comme une réalité violente. Et j'ai beau n'avoir jamais quitté le monde industriel, je suis frappé par la manière dont nos paysages et nos manières de sociabiliser en ont été profondément bouleversés. Les chiffres sont implacables : depuis 1974, la France a perdu 2,5 millions d'emplois industriels. À l'heure actuelle, le secteur industriel tel qu'il est souvent décrit représente moins d'un quart des emplois.

Jérôme Fourquet et Jean-Laurent Cassely commencent la description de *La France sous nos yeux* – leur dernier ouvrage – par un chapitre intitulé « La France de l'ombre : que reste-t-il quand les usines ont fermé ? ». Ce titre rappelle clairement que l'impact de la désindustrialisation va bien au-delà des pertes d'emplois directs et touche à la cohésion sociale et à l'identité collective.

La désindustrialisation : recomposition mondiale, choc national

Si 80 % des bassins d'emploi ont perdu des emplois industriels, la désindustrialisation a touché avec plus de force encore le Nord, l'Est ou le couloir rhodanien. Tout le long de la vallée de la Romanche ou de la Meuse, des carcasses d'usines désaffectées subsistent, comme le dernier témoignage d'une époque révolue. Dans le Nord, les dômes noirs des terrils se sont couverts de végétation, offrant de nouveaux espaces pour la détente, le sport et les loisirs. Sur l'île

Seguin, il ne reste plus que le porche d'entrée pour rappeler les dix mille travailleurs qui, chaque matin, franchissaient le pont Daydé pour permettre aux Français d'accéder au rêve de la voiture individuelle.

La France ne s'est pas désindustrialisée parce qu'il n'y avait plus besoin d'industrie, mais parce qu'une partie de la production industrielle s'est déplacée. Les chaînes de production se sont mondialisées en s'appuyant sur les avantages compétitifs de chaque région du monde. Des usines sont parties et cela a touché des secteurs qui vont bien au-delà de la fin des mines de charbon ou de la sidérurgie. Les grandes entreprises françaises, souvent leaders mondiaux dans leur domaine, ont continué à délocaliser davantage que leurs voisines européennes : la France a même été qualifiée par France Stratégie de « championne des délocalisations ».

À la fin des années 1980, en charge des politiques de reconversion à la DATAR, j'ai constaté à quel point ces délocalisations demeuraient une plaie à vif que nous peinions à faire cicatriser. Elles sont devenues le symbole de la perte de contrôle engendrée par la libéralisation de l'économie, l'essor du marché unique européen, l'intensification des échanges mondiaux ainsi que la « financiarisation » de l'économie tirée par un objectif ambitieux de rentabilité pour l'actionnaire. En septembre 2020, dans le fameux baromètre « Fractures françaises[1] », 60 % des Français considéraient que la mondialisation est une menace, dont 68 % des ouvriers. Dans cette même étude, 78 % de nos concitoyens estimaient que la France est en déclin. Ils étaient cependant un sur deux à juger que ce dernier n'est pas irréversible, signe que ce pessimisme est toutefois mâtiné d'espoir.

J'ai grandi dans une ville de tradition cheminote dans le bassin rhônalpin et je suis comme tant de Français marqué par

1. 8e vague du baromètre annuel « Fractures françaises » réalisée par Ipsos/Sopra Steria pour *Le Monde*, le CEVIPOF, la Fondation Jean-Jaurès et l'Institut Montaigne.

le nouvel équilibre territorial dessiné par l'essor des métropoles et le déclin des villes moyennes et des anciens bassins industriels. L'essayiste britannique David Goodhart a d'ailleurs été l'un des premiers à donner une véritable lecture géographique de cette mutation économique, avec d'un côté les *« anywhere »*, ceux qui sont partout chez eux dans cette nouvelle économie mondialisée, et les *« somewhere »*, ceux qui restent captifs de territoires périphériques relégués.

Bien sûr, la mondialisation a permis à 1,5 milliard d'humains de sortir de la pauvreté et c'est un acquis majeur de ces dernières décennies, ce que rappelle régulièrement la présidente du FMI, Christine Lagarde. Pour autant, si le sentiment de déclassement s'est imposé, c'est que la croissance n'a pas bénéficié de manière égale à tous. En regardant dans le détail, il apparaît, dans les pays d'Europe du Nord notamment, qu'alors que le niveau de revenu global augmentait, certaines catégories de la population voyaient leur niveau de vie stagner ou diminuer, en particulier les enfants issus de la classe ouvrière. C'est l'illustration de la fameuse « courbe de l'éléphant » de l'économiste Branko Milanović. Mais, au-delà de la perte d'un travail et d'une source de revenus, ce qu'a perdu une partie du monde ouvrier, c'est aussi une identité. La culture ouvrière a été, avec la culture catholique, l'une des matrices de la France du siècle dernier comme le démontre encore de manière très convaincante le sociologue Jérôme Fourquet dans son essai *L'Archipel français*[2].

Issu d'une famille de cheminots, j'ai grandi dans cet environnement – paternaliste s'il en est au vu de nos critères d'aujourd'hui – où l'employeur fournissait logement, système de santé, activités sportives et culturelles, colonies de vacances... Je me rappelle les discussions passionnées et passionnantes à la maison entre mon père et ses amis, tous cheminots, que j'écoutais bouche bée avec le

2. Jérôme Fourquet, *L'Archipel français. Naissance d'une nation multiple et divisée*, Le Seuil, 2019.

sentiment d'appartenir à la grande famille du rail. Enfant, je me rendais chaque semaine à la bibliothèque SNCF et, l'été, je partais en centre de vacances – SNCF lui aussi – pour apprendre à faire de la voile. Sur les tables de tous les appartements des cités du quartier, on retrouvait le magazine *La Vie du Rail* dont l'abonnement était prélevé sur la fiche de paie. Je suis rentré à l'École des Mines avec l'ambition de rejoindre la SNCF, et de reprendre la carrière de mon père là où il l'avait arrêtée. Je me rêvais chef de gare à Paris-Lyon, probablement la plus impressionnante gare de France, que je fréquentais beaucoup à l'époque et que j'admirais pour son esthétique remarquable et le vibrionnement des arrivées et des départs incessants de voyageurs et de trains. Ce modèle industriel paternaliste portait en lui un rêve d'ascension sociale qui se construisait sur plusieurs générations. Cela représentait, il faut le comprendre, un cadre rassurant et structurant. Et on mesure à quel point le fait qu'il n'ait pas été remplacé, quand la France s'est désindustrialisée, a été déstabilisant pour des centaines de milliers de familles.

L'industrie n'a pas seulement façonné nos paysages, elle nous a légué une manière de vivre en société. Les exemples abondent de ces modèles d'habitats collectifs proches des lieux de travail et ceci dès le XVIIIe siècle, comme les magnifiques salines royales d'Arc-et-Senans dans le Jura. C'est encore cette volonté de structuration sociale qui guidera l'idéal utopiste des premiers socialistes du XIXe siècle : on en trouve encore des vestiges comme le familistère de Guise dans l'Aisne, directement inspiré des phalanstères de Charles Fourier. Je pense enfin, avec le développement du paternalisme industriel, aux grandes cités ouvrières du Nord, hiérarchisées, où résidaient, dans un même quartier mais dans des habitats bien différenciés, les ouvriers, les contremaîtres et les ingénieurs.

La peur du déclassement et la fin des aventures collectives

Le dernier grand mouvement social que la France ait connu, celui des Gilets jaunes, a été une résurgence, inédite, de cette plaie restée ouverte. Un mouvement parti des ronds-points en dehors de toute structure syndicale ou partisane traditionnelle, porté par les enfants des ouvriers d'hier qui occupent désormais les emplois du bas de l'échelle de l'économie de service, en passe d'être robotisés. Dans le secteur du transport, ce sont les chauffeurs routiers, dans celui de la logistique, les « caristes », manutentionnaires des grands entrepôts comme ceux d'Amazon ou, dans le service au client, les opérateurs des centres d'appels. Beaucoup d'analyses ont été esquissées pour tenter de comprendre cette révolte populaire. Pour ma part, du fait de mon histoire personnelle et de mon parcours professionnel, j'y ai vu une nouvelle expression d'une désindustrialisation restée comme une blessure française non cicatrisée.

Alors, me direz-vous, si le désir d'industrie est tellement fort dans le pays, pourquoi avons-nous tant de mal à porter un discours de reconquête industrielle ? Par quelle fatalité avons-nous préféré nous figer en statues pleurant une grandeur perdue au lieu de nous projeter dans un avenir qui pourrait être riche de promesses ?

C'est en grande partie parce que notre imaginaire collectif s'est construit sur des exploits industriels passés que nous n'avons pas su remplacer par de nouvelles réussites collectives. Que l'on soit ouvrier, ingénieur, ou simple habitant de la ville qui accueillait l'usine où se vivaient les grandes épopées industrielles, on s'en appropriait la fierté. On était Peugeot à Sochaux, on était Renault à Billancourt, on était Dunlop à Montluçon, on était cheminots… un peu partout. Et cela commençait dès la plus tendre enfance ! L'industrie française faisait partie de notre culture populaire au même titre que les grandes émissions de divertissement des chaînes de télévision.

Bien sûr, il y a eu au cours de ces années des ratés dont l'histoire est d'ailleurs parfois aussi connue que celle des réussites. Je pense au Minitel mis en scène avec un humour grinçant par Éric Reinhardt dans son livre *Comédies françaises*. Non sans sarcasme, il réhabilite dans ce roman l'informaticien français Louis Pouzin qui avait jeté les bases d'Internet avant que les États-Unis ne s'engagent dans cette voie, jusqu'à ce que l'État décide de lui couper ses financements de recherche en 1974. C'était l'époque où le grand projet d'aérotrain était lui aussi abandonné. Et pensons à l'accident et à l'arrêt de l'exploitation du Concorde. Des échecs, il y en a eu, mais plus souvent liés à une mauvaise anticipation de grandes tendances économiques ou sociales qu'à une incapacité à relever des défis technologiques.

Il faut accepter de se tromper pour réussir et les succès que sont le TGV, le programme électronucléaire ou la gamme des Airbus A320 nous ont permis d'entrer de plain-pied dans le concert des grandes nations technologiques. Ils incarnent une époque de prospérité économique inégalée. Ils ont démontré la qualité de notre recherche scientifique, le savoir-faire de nos ingénieurs mais aussi la capacité de vision et de projection d'un État stratège qui a souvent initié ces grands travaux. Rappelons d'ailleurs que certains des projets industriels précédemment cités furent le fruit d'une ambition européenne commune, comme c'est le cas d'Airbus, du Concorde ou d'Ariane.

En prenant il y a quelques années la présidence d'Engie, le successeur de Gaz de France, j'ai mesuré le poids de cet imaginaire collectif. Les transformations stratégiques et les changements de noms ont fait perdre une partie du lien entre les Français et ce grand groupe, qui a été l'un des garants de notre indépendance énergétique. Il l'est encore aujourd'hui de manière différente, mais tout aussi essentielle, par sa position de leader dans le développement des énergies renouvelables, l'éolien, le solaire et le biogaz et demain, j'en suis convaincu, l'hydrogène. C'est cette filiation qui fait que nous ne laissons personne indifférent !

Aujourd'hui, malgré les ruptures technologiques que représentent le digital, l'intelligence artificielle ou les énergies renouvelables, nous manquons de grands projets fédérateurs susceptibles de symboliser une époque et d'entraîner toute une génération. Les seuls qui sont encore en mesure de faire rêver sont portés par des milliardaires qui s'érigent, avec un réel succès pour certains, en capitaines d'industries : SpaceX d'Elon Musk, Virgin Galactic de Richard Branson, Blue Origin de Jeff Bezos. Alors que les grands projets de conquête de l'espace étaient portés, voulus et financés par des nations, ils sont désormais réalisés et médiatisés par des individus. Et malheureusement aucun d'entre eux n'est européen…

Plus que jamais, nous avons besoin de renouer avec des aventures collectives. Pour inaugurer le premier vol officiel du Concorde le 7 mai 1971 à Toulouse, Georges Pompidou avait eu ces mots qui résonnent avec une étonnante actualité : « Nous avons dans les domaines les plus avancés – énergie nucléaire, espace, aéronautique, électronique, informatique, exploration des océans – conquis notre place dans le peloton de tête des nations. Non par un vain désir de prestige, mais par la conviction que le monde moderne est dominé par le progrès scientifique et technique et qu'un pays qui ne consent pas l'effort intellectuel et financier nécessaire pour être dans le train est condamné irrémédiablement à la médiocrité et à la dépendance. »

La crise sanitaire, catalyseur de nouvelles inquiétudes et de nouveaux espoirs

Où est cette ambition aujourd'hui ? Quel rêve industriel fera briller les yeux des enfants demain ? Quels projets nous redonneront notre place de grande nation indépendante mais pas isolée au sein d'un monde multipolaire ?

Indépendante. Car, oui, c'est bien de dépendance dont il s'agit. La pandémie du Covid-19 a été un électrochoc de ce point de vue. Et c'est bien la première fois depuis plus de trente ans qu'un consensus large s'est dégagé autour de la nécessité de repenser l'industrie en France.

Tout a cependant été mélangé dans ce débat ! Il faut, bien sûr, distinguer les sujets stratégiques des autres. C'est par exemple le cas quand on parle sur le même ton des vaccins et des masques. Les vaccins sont à l'évidence un sujet primordial et l'Europe doit conserver et développer les savoir-faire nécessaires à leur conception et à leur production. Notre position historique est solide avec des acteurs majeurs ayant des racines européennes fortes au premier rang desquels Sanofi. Pour autant, nos entreprises ont pris avec retard le tournant d'une technologie nouvelle, l'ARN messager, développée entre autres par des Français mais aux États-Unis. Cet échec, dont il ne faut pas exagérer la portée même s'il a provoqué une blessure narcissique sur laquelle les médias ont versé beaucoup de sel, doit être analysé. Au fond et par contraste, il montre surtout la formidable efficacité du modèle américain de développement de l'innovation fondé sur une interface particulièrement riche entre science fondamentale (universités), entreprises (start-ups et grands groupes) et financeurs (venture capital et fonds d'investissement). Ceci dit, l'Europe s'est rattrapée et, sous l'impulsion de la Commission européenne, est devenue, selon les données présentées par la société d'analyse de données scientifiques Airfinity, le deuxième producteur mondial de vaccins derrière la Chine. Cela lui a permis non seulement d'être la région du monde où le taux de vaccination est le plus élevé, mais aussi celle qui a le plus contribué à la solidarité envers les pays en développement.

La question des masques est différente et souvent mal posée. Il s'agit là d'un sujet beaucoup plus simple d'approvisionnement d'un produit banal et d'organisation de chaînes de production et de transport qu'il convient, non pas de relocaliser systématiquement, mais de raccourcir et de diversifier. La dépendance quasi intégrale des pays occidentaux à la Chine et le manque de flexibilité que nous connaissons souvent en France, qui a retardé le lancement de nouvelles chaînes de production, ont conduit au début de la pandémie à une pénurie de masques. Depuis, nous sommes passés à une forme de profusion en multipliant par 30 la capacité de production en France. Notons d'ailleurs que la gestion de la surcapacité va très vite poser problème et va montrer combien il est crucial de savoir rapidement monter – mais aussi démonter – des outils de production flexibles face à une demande des consommateurs en évolution constante. Sur cette question des masques, la France a davantage manqué d'un excellent directeur des achats et de la logistique que d'usines de production. Pour les vaccins, et dans un tout autre domaine aujourd'hui, les semi-conducteurs, c'est bien notre position stratégique qui est en jeu !

La crise a donné lieu à certains raccourcis, mais ces discours ont eu le mérite de mettre en évidence le fait que notre pays doit demeurer une grande puissance industrielle. Elle en a tous les atouts et bien sûr tout intérêt, mais pour cela il nous faut sortir d'une forme de nostalgie fantasmée. Fantasmée car tout n'était évidemment pas si facile à l'époque des Trente Glorieuses, en termes de pouvoir d'achat, d'éducation, comme de santé au travail. Dans tous les cas, il n'y aura pas de « retour en arrière » avec la réimplantation massive d'industries disparues – une étude de novembre 2020 du groupe Randstad montrait que 4 % des industriels français et 1 % des industriels allemands envisagent de rapatrier leur production – et d'ailleurs ce ne serait pas souhaitable. Regardons la sidérurgie : quelques usines ont réussi à se développer et à rester sur le territoire européen grâce à des investissements en R&D ambitieux et en développant des productions différenciées mais pour les autres, soyons clairs, leur départ était inévitable, en particulier pour des raisons géostratégiques d'approvisionnement de matières premières et de massification de la production. Notre objectif ne peut pas être de revenir à l'industrie des années 1970 ou 1990, mais bien de poser les fondements de l'industrie conquérante de demain. Comment le faire quand le discours lancinant est que tout est perdu, qu'il faudrait revenir en arrière, refermer les frontières et tout produire en France ?

Une entreprise ne se conserve pas dans le formol

Pourquoi le discours décliniste emporte-t-il tout aujourd'hui ? Par absence de courage, le courage de la vérité. Des années durant, trop nombreux ont été ceux qui ont préféré nous enfermer dans la nostalgie du passé, plutôt que de penser le monde qui venait, oubliant, par cynisme ou par démagogie, que l'industrie, comme l'environnement économique mondial, n'est pas un corps figé mais un système complexe en perpétuelle évolution !

Ce faisant, alors que nos atouts étaient nombreux, alors que nos groupes industriels étaient dynamiques, compétitifs et souvent des leaders mondiaux dans leur domaine, nous n'avons pas su développer un discours qui permette d'enrayer la sinistrose ambiante, facteur d'inertie, quand l'économie et l'industrie ont besoin d'enthousiasme pour innover et se projeter.

Nous avons laissé prospérer des discours qui ont conduit à chausser l'industrie de souliers de plomb quand il fallait au contraire l'alléger pour lui permettre de courir plus vite. L'un de ces premiers discours est celui du repli sur soi, du protectionnisme et de la peur de la compétition internationale. Il n'est pas récent. Je me souviens qu'il était déjà présent lorsqu'au début des années 1990 j'étais conseiller auprès de la Ministre du Travail. Et il ne provenait pas toujours de ceux qu'on imagine traditionnellement le porter. Alors que la Commission européenne négociait un accord commercial pour organiser la levée des barrières douanières avec le Japon, j'ai entendu le président de PSA de l'époque venir annoncer à Martine Aubry des dizaines de milliers de licenciements chez les constructeurs européens et un probable effondrement de notre indépendance économique et même de notre souveraineté politique. Les médias étaient tout aussi sceptiques et titraient « L'industrie automobile japonaise prépare son débarquement en Europe », ou encore « La CEE prise au piège du Japon ? ». Cette invasion n'a pas eu lieu, et on a vu l'américain Ford monter à 33 % au capital de Mazda en 1996, quand Renault a acquis 37 % du capital de Nissan en 1999, alors que la part de marché des constructeurs japonais en Europe s'est maintenue autour des 12 % à la fin des années 1990.

J'ai souvent été étonné par le fait que certains dirigeants eux-mêmes envisagent les transformations industrielles dans une logique de survie et non avec une volonté de conquête, alors même qu'ils ont de nombreux atouts pour s'imposer dans la compétition internationale. Le changement n'est pas intégré comme un élément de l'histoire économique et de l'aventure industrielle porteur de progrès, mais comme un mal nécessaire, le seul moyen d'éviter le pire. Dès lors que la décision est prise, on semble dire : « On a fait ce qu'il fallait pour survivre, mais dans le fond, on aurait préféré ne rien changer. »

J'ai eu tout au long de ma carrière à prendre des décisions qui se sont souvent traduites par des transformations importantes, quelquefois radicales, contraint par les circonstances, comme chez Rhodia dont j'ai pris la direction générale alors que se nouait une crise financière qui aurait pu nous conduire à la faillite, dans d'autres situations plus progressivement, parce que nous percevions les opportunités à saisir et les menaces à contrer. Je sais que l'aversion au changement est une tentation naturelle, mais le rôle du dirigeant est justement de savoir faire des choix et d'entraîner toutes les parties prenantes avec lui. « Il n'y a pas de vaches sacrées », c'est l'une des premières déclarations que j'ai faites en arrivant à la tête de Solvay. En matière industrielle, rien n'est figé et nous opérons dans un environnement en permanente transformation. Cela ne signifie pas que les choix doivent être faits dans la précipitation et encore moins par un «leader éclairé» agissant seul. Bien au contraire, c'est en échangeant de manière très ouverte avec mes collègues du Comité exécutif puis avec les membres du Conseil d'administration du groupe que je me suis forgé des convictions nourries par des visites de terrains nombreuses et des échanges denses avec nos équipes et nos clients. Et quand nous avons réfléchi à nous désengager de certaines activités, j'ai élargi la discussion aux partenaires sociaux, au travers du secrétariat du Comité européen, petit groupe efficace et ouvert au dialogue, composé de salariés porteurs d'histoires et d'expériences diverses, liés à nos activités françaises, allemandes, belges et italiennes, nourris de réalités syndicales elles aussi très diverses mais convaincus que l'intérêt de l'entreprise et celui de ses salariés sont fondamentalement alignés. Ces échanges, menés dans le cadre d'une nécessaire confidentialité toujours respectée, m'ont permis d'évaluer l'acceptabilité sociale de ces transformations et d'identifier certains des points clefs permettant de les conduire avec succès. L'une de ces décisions difficiles et pourtant nécessaires a été la cession de nos activités de production d'intermédiaires pour la chaîne Nylon à notre concurrent allemand BASF. J'ai été heureux de constater au début de cette année 2022 que les projets d'investissements massifs promis et engagés par ce géant de la chimie sur le site de Chalampé en Alsace étaient présentés comme l'un des exemples de la contribution des investisseurs étrangers au développement économique de la France. Intéressante histoire d'ailleurs que celle de cette usine, que j'ai visitée tant de fois, probablement un des plus impressionnants sites de chimie européen, qui a successivement porté les couleurs de Rhône-Poulenc, Rhodia, Solvay et maintenant BASF et qui continue à se développer grâce à la compétence de ses équipes et leur capacité à maîtriser des procédés très complexes.

Dès mon arrivée chez Engie comme président du Conseil, j'ai compris l'urgence de clarifier la stratégie et les priorités du groupe si nous souhaitions répondre efficacement au défi que nous nous étions lancé : devenir un leader reconnu de la transition énergétique et climatique. Cela m'a conduit à engager un ensemble de plans d'actions. Le premier a consisté à ajuster la taille et les modes de fonctionnement du Conseil d'administration pour en faire un véritable organe de décision et d'arbitrage sur les sujets relevant de sa responsabilité, au premier rang desquels la définition de la stratégie et l'allocation des ressources qui en résulte. Trancher des questions complexes, avec des implications lourdes, requiert des administrateurs apportant des expériences très diverses mais aussi du temps et une réelle capacité d'échange. Au vu de l'actualité chargée qui a été la nôtre ces deux dernières années, je crois pouvoir dire que le Conseil d'Engie a démontré sa capacité à prendre des décisions difficiles et à s'assurer de leur mise en œuvre. L'une d'elles concernait le renouvellement du mandat de notre directrice générale, Isabelle Kocher, qui venait à échéance au printemps 2020. Après une réflexion approfondie, qui n'occultait pas les réalisations des dernières années, et en particulier la sortie largement engagée de nos activités liées au charbon, nous avons décidé de confier la mise en œuvre de la stratégie que nous venions d'approuver à une nouvelle dirigeante : Catherine MacGregor. Très tournée vers l'action et nourrie d'une véritable culture industrielle, Catherine nous apporte des compétences essentielles au succès de cette transformation : son expérience solide en la matière, sa capacité à construire une équipe et une organisation à même de relever les multiples défis auxquels nous devons faire face et à établir une relation de confiance avec le Conseil dans le respect des responsabilités de chacun. Faisant le constat que la complexité du groupe et la multiplicité des priorités, tant géographiques que d'activités, freinaient l'atteinte de nos objectifs, nous avons décidé de concentrer nos ressources et nos investissements sur deux métiers où nous disposons de positions solides, les énergies renouvelables et les réseaux d'infrastructures permettant le transport, le stockage et la distribution d'énergie. Et ceci, dans la vingtaine de pays qui constituent l'essentiel de notre héritage au premier rang desquels la France, la Belgique et le Brésil mais aussi les États-Unis et quelques pays d'Europe, d'Amérique latine et du golfe Persique. C'est dans le cadre de cette volonté de simplification que s'est inscrite la cession des 32 % que nous détenions dans le capital de Suez, qui n'était depuis longtemps qu'une participation financière pour Engie et n'avait jamais été intégrée dans notre stratégie industrielle. Le projet a été mené dans un contexte difficile, avec des prises de parole souvent d'une grande violence. Avec un peu de recul et en laissant les egos des uns et des autres de côté, le résultat me semble aujourd'hui satisfaisant pour les trois entreprises concernées : Veolia, Suez et bien sûr Engie. C'est cette même logique stratégique et industrielle qui nous a conduits à lancer la cession d'Equans, leader européen des services multi-techniques, loin de nos métiers d'énergéticien, et qui connaîtra, j'en suis convaincu, un parcours remarquable au sein du Groupe Bouygues qui a démontré sa capacité à accompagner le développement de ses métiers dans une perspective de long terme.

Mais bien sûr, l'enjeu pour Engie est aujourd'hui de réinvestir massivement dans les métiers que nous avons choisis. C'est près de 16 milliards d'euros qui sont disponibles à cet effet d'ici à 2023 pour nous permettre d'accélérer fortement nos projets d'investissements dans les énergies renouvelables et les infrastructures.

Transformer une entreprise conduit à devoir prendre des décisions complexes et parfois impopulaires. La légitimité d'une décision managériale et de ceux qui la prennent ne se gagne pas auprès de l'opinion publique, elle est fondée sur sa cohérence stratégique et sa lisibilité. Elle ne se gagne pas par des effets de tribune mais doit résonner avec la raison d'être de l'entreprise et emporter le soutien de ses organes de direction et de ses équipes. Je ne crois pas à la posture quasi messianique que prennent certains dirigeants dans les médias. D'ailleurs l'histoire récente a montré que ceux qui s'y sont risqués ont dû faire face à un brusque retour à la réalité.

L'industrie est un monde en mouvement perpétuel. Les révolutions industrielles sont nombreuses dans l'histoire de ces deux derniers siècles et d'autres sont à venir, n'en doutons pas. Dans ces moments de recomposition, la défaite n'est pas la fermeture d'une usine, mais l'absence d'ouverture d'une autre. La fin des mines de charbon, comme celle de Gardanne près d'Aix-en-Provence où j'effectuais mon stage ouvrier lorsque j'étais élève à l'École des Mines, tout comme la fin de la filière sidérurgique pour des raisons géostratégiques, n'ont pas été clairement assumées par les responsables économiques et politiques de l'époque, empêchant trop souvent d'anticiper les investissements nécessaires à la préparation du futur. Bien sûr il n'est pas facile d'annoncer les restructurations à venir dans un secteur. Pour autant, ne pas le faire est la pire des positions parce qu'elle empêche de préparer puis d'assumer ces décisions et leurs conséquences.

Pour sortir de notre dépression nationale, nous devons reconnaître et valoriser nos atouts qui, de notre modèle social à notre système éducatif (même s'il est perfectible !) en passant par notre richesse géographique et culturelle, sont nombreux. Nous avons encore une industrie française, c'est un fait ! Elle représente plus de 3 millions d'emplois directs, 4,5 millions d'emplois indirects, 260 000 entreprises, pour majorité des PME et TPE. Dans l'énergie, l'agroalimentaire, le luxe, l'aérospatiale, le ferroviaire, la chimie, la construction, la santé, l'environnement, nous pouvons nous targuer de disposer, fait rare parmi les grands pays européens, de positions de leaders mondiaux.

À l'ère numérique, l'industrie se réinvente

De même que la fin de l'histoire n'est pas pour demain, parler d'ère post-industrielle ne rime à rien. La

France et l'Europe ne sont plus un espace où les emplois sont majoritairement industriels. Cela ne veut pas dire pour autant que l'industrie serait perdue pour l'Europe ou qu'elle ne serait plus une composante structurante de nos économies. Je crois désormais clos le débat sur la post-industrialisation, ouvert maladroitement par Serge Tchuruk, lorsqu'il avait déclaré en 2001 : « Alcatel doit devenir une entreprise sans usine », avant que ce groupe ne s'enfonce dans une décennie compliquée, marquée surtout par l'absence d'une stratégie claire et achevée dans une fusion mal assumée.

Si nous ne sommes pas entrés dans une ère post-industrielle fondée sur l'économie des services, les relations entre l'industrie et les services qui soutiennent sa performance ont bien changé. L'exemple le plus frappant est l'arrivée d'outils et de services digitaux comme leviers de transformation. CEO de Solvay, j'ai longtemps pensé que, dans une industrie comme la chimie, dont les processus étaient depuis longtemps pilotés par des calculateurs devenus des ordinateurs, le numérique n'allait pas fondamentalement changer la manière d'exercer nos métiers. Je me trompais ! C'est en échangeant avec de jeunes ingénieurs de production passionnés par ces sujets que je me suis laissé convaincre de les laisser développer des projets pilotes. Les résultats ont été impressionnants. Ces ingénieurs, s'appuyant sur des outils conceptuels et des algorithmes dénichés chez des prestataires de services très pointus et utilisant une puissance de calcul impressionnante, mais aujourd'hui facilement accessible, ont réalisé des optimisations dynamiques qui permettent d'aller chercher un niveau de performance et d'efficience jamais atteint, même pour des procédés que nous pensions maîtriser depuis des décennies. Et dans la chimie, optimisation veut dire réduction des coûts de matières premières d'énergie et possibilité de produire de plus grandes quantités sans investissement d'importance. Je suis depuis lors convaincu que l'arrivée massive du numérique dans l'industrie constitue bien une révolution et les trois années que je viens de passer chez Engie n'ont fait que renforcer cette conviction !

Cette révolution digitale se produit à un moment où nous sommes confrontés à une exigence majeure de transformation, rendue nécessaire par l'accélération de la lutte contre le changement climatique, et ce dans un contexte de crise devenue perceptible pour le plus grand nombre du fait de la multiplication d'événements météorologiques exceptionnels. Si, en matière d'environnement, l'industrie a été perçue comme faisant partie du problème, elle est aujourd'hui une grande part de la solution. La résolution de cette crise planétaire existentielle ne pourra se faire sans notre capacité d'innovation. La décroissance et le renoncement au progrès technologique ne sont pas une option.

C'est pourquoi il faut être très attentif aux risques liés à la progression d'un discours anti-technologie qui apparaît quelquefois avec vigueur là où on ne l'attend pas. Ses partisans refusent l'idée que l'innovation soit susceptible d'apporter une contribution essentielle aux défis qu'il nous faut collectivement relever. Dans une période où le recours massif au digital permettait de faire face aux contraintes du confinement, les débats qui ont entouré le lancement de la 5G en France ont été révélateurs, par le tour inquiétant qu'ils ont pris à l'été 2020, quand élus et militants se sont opposés à son déploiement dans plusieurs grandes villes de France. Or, la 5G n'est pas une simple évolution des technologies précédentes. C'est une étape essentielle dans la digitalisation des activités industrielles parce qu'elle est capable de supporter sans risques de saturation une multitude d'objets connectés simultanément. Bien qu'elle soit plus efficace en ce qui concerne les consommations d'énergie à volume de données transporté égal, ses opposants s'inquiètent de la multiplication des usages et lui préfèrent dans la réalité une forme de rationnement et donc de décroissance. Ils refusent l'idée que la technologie et l'innovation sont porteuses de changements majeurs qui permettent de concilier réussite industrielle, progrès social et transitions énergétique et climatique.

Chapitre 2

L'EUROPE, LA FORCE D'UN MODÈLE

L'Europe assume depuis plusieurs décennies des positions en matières environnementale et climatique beaucoup plus ambitieuses que les autres grandes régions économiques de la planète, ce dont nos concitoyens ne sont pas toujours conscients. Chimiste, j'ai vu la naissance et le déploiement de REACH, certainement la plus avancée des réglementations concernant l'impact des produits industriels sur la santé. Dans le premier chapitre de l'histoire de la lutte contre le changement climatique qui a vu la négociation, la signature en 1997 puis la ratification du Protocole de Kyoto, l'Europe a pris là aussi une position en pointe. C'est l'une des rares régions au monde qui a atteint les objectifs pour lesquels elle s'était engagée, en particulier grâce à la mise en place d'un marché de permis d'émissions de CO_2, devenu l'expression la plus aboutie du concept de tarification du carbone.

À l'avant-garde de la transition énergétique

Nous, Européens, étions donc prêts à accélérer nos efforts lors de la COP 21 à Paris puis à passer à un engagement encore plus fort pris en 2019 par le Conseil européen, avec l'objectif de neutralité carbone en 2050. Il n'est d'ailleurs pas inutile de souligner que l'Europe représente aujourd'hui 18 % du PIB mondial et 9 % des émissions de gaz à effet de serre. Nous sommes la première région du monde qui est en passe de découpler croissance économique et émissions de gaz à effet de serre.

La Commission européenne a présenté à l'été 2021 un ensemble très complet de textes appelé *Fit for 55* (prêt pour – 55 %). La portée et l'ambition de ces projets qui doivent maintenant être finalisés dans le dialogue à trois entre la Commission, le Conseil et le Parlement européen, sont inédites à ce stade, *Fit for 55* étant l'ensemble législatif le plus ambitieux en matière de lutte contre le changement climatique jamais conçu. Son objectif est de permettre l'atteinte de l'objectif de neutralité carbone à l'horizon 2050, avec un point de passage important en 2030, date à laquelle nous devrions avoir réduit nos émissions de 55 % par rapport à la situation de 1990. Il s'agit également d'un outil de projection pour la Commission géopolitique d'Ursula von der Leyen qui fait le pari d'assumer un leadership européen en matière de lutte contre le changement climatique et de se positionner en véritable « faiseur d'objectifs et de normes internationales » dans ce domaine. C'est bien sûr une ambition dans laquelle je me reconnais, comme beaucoup de dirigeants d'entreprises industrielles européennes.

Une récente étude de McKinsey conclut qu'il faudra mobiliser environ 1 000 milliards d'euros d'investissements par an jusqu'en 2050 pour atteindre cet objectif, la moitié de ce montant devant être investi par la puissance publique, faute de rentabilité de ces investissements. Ceci illustre la combinaison vertueuse des efforts réalisés par la puissance publique et les acteurs industriels. Lorsque la première engage de grandes transitions à travers son pouvoir réglementaire et sa capacité à mobiliser massivement des financements, elle crée le cadre qui permet aux acteurs privés d'investir. Public et privé sont complémentaires quand chacun respecte la place de l'autre. Au politique, la projection sur le temps long et la mise en place de normes favorables au bien commun, aux entrepreneurs la nécessaire flexibilité, la rapidité et l'efficacité dans la prise de décisions, pour imaginer la bonne solution, investir et s'adapter dans le but de répondre aux besoins de leurs clients et à la demande de la collectivité. La collaboration vertueuse entre la puissance publique et la sphère privée doit permettre d'engager nos concitoyens et de nous rendre une forme de fierté collective indispensable à la mise en œuvre de ces transformations.

Alors que certains voudraient réduire l'entreprise à un compte d'exploitation ou à un business plan très rationnel, il y a souvent, à l'origine d'un projet, un rêve un peu fou. Sans une grande part de rêve on ne serait pas allé sur la lune, on n'aurait pas construit des TGV, des voitures électriques ou des smartphones qui embarquent une puissance de calcul supérieure à celle d'un ordinateur de bureau d'il y a quelques années !

Ce rêve a en partie disparu en France. C'est, je crois, la conséquence du virage de la fin du XXe siècle qui n'a pas été bien mené et a laissé des traces dans la société française. Les transitions difficiles de secteurs emblématiques impactant lourdement certains territoires, des restructurations prises dans le jeu politique et l'objet de promesses impossibles à tenir, laissent un goût d'amertume et des blessures ouvertes. Par ailleurs, faute de vision, nous n'avons pas su impulser un élan, avec comme conséquence des pertes de savoir-faire ou de positions dans certains secteurs pourtant stratégiques. Le défi environnemental et climatique est une occasion unique de nous remobiliser collectivement.

Pour la France et l'Europe, c'est une révolution dans laquelle notre culture scientifique et technologique, nos systèmes éducatifs et de valeurs, notamment notre rapport à l'environnement et à la planète, feront la différence. Nous devons nous saisir de la lutte contre le changement climatique pour renouer avec les rêves de grands projets qui poussent à prendre des risques et à dépasser l'aversion très humaine et naturelle au changement et au risque.

Si elle a été révélatrice des fragilités de notre planète, la crise du Covid-19 a aussi provoqué ou accéléré de nombreuses mutations qu'il nous faut considérer non comme des contraintes mais comme des acquis et des opportunités. De l'accélération de la digitalisation, au changement de modes de consommation et de production, en passant par le télétravail et les nouvelles organisations qu'il permet, ces changements rapides nous ouvrent des voies nouvelles pour atteindre nos objectifs. L'audace se trouve là aussi.

Après trente ans de mondialisation libérale, c'est un nouveau cycle qui s'ouvre. Un cycle qui place les enjeux climatiques et sociaux au cœur d'un nouveau modèle de prospérité. Il est essentiel de s'engager résolument dans ce nouvel âge de la mondialisation si nous voulons échapper à la montée des nationalismes autoritaires avec les conséquences délétères d'une démondialisation non coopérative. Sans faire preuve d'un optimisme naïf, je crois que nous avons, en ce début d'année 2022, un alignement inédit dont il nous faut tirer parti pour franchir quelques étapes essentielles, et préserver notre planète d'une crise bien plus grave que celle dont nous sortons timidement aujourd'hui. Pour Engie, c'est le choix clair que nous avons fait en renforçant nos positions dans le domaine des énergies renouvelables et des infrastructures énergétiques des collectivités et des entreprises, afin de faire du groupe un leader mondial reconnu et engagé de la transition énergétique et climatique. C'est la stratégie que nous mettons en œuvre aujourd'hui avec détermination.

De manière plus systémique, je suis convaincu que de la performance énergétique – levier essentiel de la réduction des émissions de gaz à effet de serre – au développement des énergies renouvelables, en passant par la promotion de l'économie circulaire à travers les filières de recyclage, c'est une inexorable révolution industrielle accélérée par l'arrivée massive du numérique qui s'opère aujourd'hui. Elle associe les savoir-faire provenant de start-up, de PME et de grands groupes pour développer de nouveaux marchés et de nouvelles solutions répondant aux besoins et aux ententes de leurs clients, eux aussi en pleine transformation. Ceux qui n'empruntent pas ce chemin sont condamnés au repli et, surtout, n'auront pas été à la hauteur de l'exigence morale et éthique qui nous incombe.

Du contrat social à la raison d'être

La fin du modèle paternaliste avait laissé un vide. Au long de mon parcours, j'ai constaté que l'on pouvait recréer du sens et une communauté de destin autour d'un discours simple et crédible. Avant de prendre la direction de Solvay en 2012 après le rachat de Rhodia, j'ai rencontré les représentants des familles fondatrices, héritiers de cette dynastie industrielle créée en 1863, qui, cent-soixante ans plus tard, contrôlent encore le groupe. Je me souviens qu'ils avaient conclu notre première réunion par ces mots marquants : « N'oubliez pas que Solvay n'est pas simplement le nom de l'entreprise que nous vous proposons de diriger, c'est aussi le nôtre ! » Du fait des mariages successifs et de l'histoire familiale, tous ne portaient pas formellement ce nom et cette phrase n'était bien sûr pas à prendre au pied de la lettre. Elle illustrait le fait que, derrière Solvay, il y avait plus qu'une entreprise, un bilan et un compte d'exploitation, il y avait une identité. Les représentants de la famille se considéraient garants d'un esprit, ce que l'on appellerait aujourd'hui une « raison d'être », qu'ils avaient la charge de faire vivre et de transmettre de génération en génération.

Solvay a construit des ensembles urbains à l'identique, dans des environnements aussi différents que La Madeleine près de Nancy, Tavaux dans le Jura, Salin-de-Giraud près d'Arles ou Rosignano en Toscane (dont la dénomination exacte est d'ailleurs Rosignano-Solvay). Quel modèle fascinant ! Il a ses limites bien sûr et la nostalgie d'une forme de paternalisme industriel nous fait oublier qu'il reposait sur une conception de la société où l'individu était soumis au groupe, où la vie individuelle était dictée par l'entreprise, où les trajectoires personnelles étaient souvent déterminées par la naissance, même si l'éducation pouvait bouleverser ce déterminisme. Aujourd'hui, ces modèles paraissent terriblement datés. Pourtant, j'en retiendrai la fierté, mais aussi une capacité d'intégration et un réel souci de promotion sociale dont je suis d'ailleurs à titre personnel le produit reconnaissant. L'environnement dans lequel j'ai grandi n'était pas celui de l'industrie chimique mais du ferroviaire et, aussi curieux que cela puisse paraître, les deux partagent de nombreux points communs. Et on pourrait en dire autant des industries électriques et gazières que je connais aujourd'hui chez Engie. Les nouveaux modèles industriels ne doivent pas faire l'impasse sur le besoin de sens, de fierté et d'appartenance à une communauté.

Lorsque je suis arrivé à la direction générale de Rhodia en 2003, l'entreprise entrait dans une crise financière qui aurait pu la conduire à la catastrophe. Dans cette situation complexe, il m'a fallu engager un ensemble de plans d'action permettant de stabiliser puis de relancer le groupe sur une trajectoire de croissance. Certains de ces plans étaient bien sûr douloureux. Nous avons dû, sous la pression, céder des actifs dont certains étaient importants mais aussi engager des restructurations nécessaires pour améliorer la performance de l'entreprise qui avait mal géré sa séparation du géant de la chimie et de la pharmacie qu'était Rhône-Poulenc. La négociation avec les partenaires sociaux fut déterminante et c'est par le dialogue, la transparence et la force de conviction que nous avons réussi à construire un accord de méthode afin de gérer le plus efficacement possible ces restructurations, dans un climat social toujours constructif, et ce malgré la difficulté de la tâche à accomplir et la pression du temps. Entre 2003 et 2006, le groupe réalisa l'ensemble des objectifs que nous nous étions fixés, à la fois pour revenir à une performance opérationnelle satisfaisante et pour consolider un bilan qui nous permettait à nouveau d'envisager l'avenir avec de bonnes cartes en mains.

J'ai été frappé dans cette période de voir combien le combat mené ensemble pour assurer la pérennité du groupe avait soudé les équipes et créé un sentiment de fierté. La crise passée, je me suis interrogé sur l'opportunité de changer de nom, celui de Rhodia me semblant trop lié à cette période difficile. À ma grande surprise, beaucoup de nos collègues ont exprimé leurs réserves à cette idée m'expliquant combien nos équipes étaient fières de porter ce nom synonyme de difficultés traversées en commun et d'une réussite collective incontestable… et Rhodia est resté Rhodia ! La leçon que j'en ai tirée comme manager est l'importance d'exprimer avec conviction un diagnostic et une vision, de jalonner le chemin à parcourir de repères, pour permettre aux uns et aux autres de se positionner et bien sûr de communiquer encore et toujours avec clarté et transparence. Cela peut paraître simple mais, pour autant, l'application systématique de ces principes aiderait, je crois, à gérer beaucoup plus efficacement les transformations nécessaires dans des environnements difficiles. Pendant des années, j'ai continué à recevoir des messages de salariés de Rhodia, que je ne connaissais pas personnellement, me disant qu'ils partaient à la retraite et se réjouissaient de le faire sereinement grâce aux efforts menés ensemble dans cette période difficile.

Lorsque la croissance a été de retour, j'ai recherché les lignes de force autour desquelles nous pouvions rebâtir un projet et une culture d'entreprise. Il m'est apparu que la responsabilité sociale et environnementale constituait pour nous une opportunité qu'il fallait saisir. Le groupe avait été fortement malmené sur ce sujet par la presse qui avait parfois présenté Rhodia comme la «poubelle» de Rhône-Poulenc du fait du transfert de certains passifs environnementaux au moment de la séparation des deux entreprises. Ce qualificatif était blessant pour les salariés du groupe. Au-delà, il négligeait tous les efforts engagés notamment pour faire de Rhodia l'un des meilleurs acteurs mondiaux du secteur en matière de sécurité au travail. Autour de ce noyau qui constituait une véritable différenciation et une source de fierté pour nos équipes, nous avons peu à peu construit en cercles concentriques des politiques ambitieuses pour l'époque touchant à la performance environnementale et sociale puis à la réduction des émissions de CO_2 lorsque ce sujet s'est imposé avec force.

J'ai pu mesurer pendant ces années combien ces choix ont permis de créer une fierté d'appartenance dans une entreprise à l'histoire courte mais mouvementée. J'ai aussi pu mesurer l'alignement qui s'établissait naturellement entre Responsabilité Sociale et Environnementale et performance économique dès lors que l'on acceptait d'évaluer cette dernière sur un temps suffisamment long.

À titre personnel, je n'ai pas attendu la COP 21 ni les derniers effets de mode du management inclusif pour me forger la conviction que la performance environnementale et sociale va bien au-delà d'un simple devoir de transparence. L'entreprise est aujourd'hui entourée de parties prenantes internes et externes qui l'interpellent et interrogent utilement sa stratégie et sa performance dans tous les domaines. Il nous faut tout à la fois répondre aux exigences de nos salariés, les motiver dans la durée, attirer de nouveaux talents, satisfaire les attentes de nos clients, de plus en plus désireux d'engager le dialogue sur la nature et l'impact des produits ou services que nous mettons à leur disposition. Il nous faut aussi répondre aux interrogations des collectivités dans lesquelles nous opérons et des ONG de toute nature qui nous interpellent sur l'empreinte de nos activités. Développer une stratégie pertinente aujourd'hui suppose d'entendre ces interpellations, d'y apporter des réponses concrètes, mais aussi d'en faire une source d'inspiration pour construire une stratégie.

D'autres parties prenantes évoluent elles aussi très rapidement, je pense en particulier aux investisseurs. Un des grands changements de la décennie qui s'ouvre est la prise de conscience et l'intégration par les investisseurs des externalités environnementales et sociales dans leurs investissements. Ceci fait de la normalisation du reporting extra-financier un sujet majeur de l'industrie européenne. Nous avons dans ce domaine une réelle avance et nous sommes capables d'identifier les indicateurs et les standards qui incarnent la réalité du modèle social et éco-responsable européen. Nous devons désormais travailler pour l'intégrer dans les normes internationales que l'on commence à construire et faire en sorte que ce modèle européen trouve sa place face aux États-Unis et à l'Asie.

Dans les échanges avec nos actionnaires, le temps consacré à discuter de la performance extra-financière a augmenté de manière exponentielle ces dernières années à partir, il est vrai, d'un niveau très bas il y a trois ou quatre ans. Cette demande nous conduit à mobiliser des ressources importantes pour mesurer et comparer la performance extra-financière de nos activités. Et ce n'est qu'un début, je vois venir le moment où cette mesure mobilisera autant de ressources que la comptabilité des entreprises et la préparation de leur compte d'exploitation et de leur bilan. Ceci devrait d'ailleurs conduire en toute logique à rapprocher les Directions du développement durable – ou de la Responsabilité Sociale et Environnementale –, des Directions financières pour en faire de véritables acteurs de la mesure et de la gestion de la performance intégrée. C'est le choix que nous avions fait chez Solvay puis chez Engie avec des résultats probants et en particulier la capacité à engager un dialogue riche sur ces divers versants de la performance, tant avec les équipes en charge des différents métiers qu'avec nos investisseurs.

Pour Engie, la définition de notre raison d'être a été une étape essentielle dans l'histoire récente du groupe. Ce processus a illustré le fait qu'une entreprise n'est pas simplement un portefeuille d'activités ou de métiers mais aussi une communauté unie par une vision partagée. Il n'y a pas d'un côté la performance économique et de l'autre la performance sociale et environnementale, qui serait comme un supplément d'âme, accessoire ou facultatif. Nous recherchons une performance globale qui prend son sens dans l'alignement de toutes nos actions, et qui fait de cette raison d'être une véritable raison d'agir, mot que nous avons décidé de mettre en exergue dans la formulation finalement retenue :

« Agir pour accélérer la transition vers une économie neutre en carbone, par des solutions plus sobres en énergie et plus respectueuses de l'environnement. Cette raison d'être rassemble l'entreprise, ses salariés, ses clients et ses actionnaires et concilie performance économique et impact positif sur les personnes et la planète. L'action d'Engie s'apprécie dans sa globalité et dans la durée. »

Voici la raison d'être co-construite avec nos collaborateurs et nos parties prenantes et dont l'inscription dans les statuts d'Engie a été décidée à une quasi-unanimité par l'Assemblée générale des actionnaires le 14 mai 2020.

Partout dans le monde, je suis marqué par la manière dont les équipes d'Engie se mobilisent avec détermination autour de cet objectif d'une transition vers un monde neutre en carbone. Elles adhèrent largement à la raison d'être du groupe, y voient une source de motivation personnelle et professionnelle et sont demandeuses d'une nouvelle forme d'engagement pour y répondre au mieux.

Faire d'Engie ce champion industriel français et européen de la transition énergétique et climatique implique des réorientations et des choix stratégiques. La clarté de nos objectifs facilite leur appropriation. Dans un monde où certaines entreprises sont conduites à des contorsions dialectiques pour justifier une stratégie loin des priorités de ce siècle, je suis convaincu que l'un des principaux atouts d'Engie est cet alignement entre sa raison d'être, sa stratégie, ses marchés, ses métiers et l'engagement de ses collaborateurs ; ceci est assez unique et nous donne une force particulière.

Pour le Conseil d'administration lui-même, cette raison d'être est une référence essentielle qui, lors de choix stratégiques difficiles, vient nous rappeler utilement l'engagement collectif que nous avons pris. J'ai constaté à quelques reprises que des débats difficiles cheminaient de façon plus fluide lorsque l'un de nos collègues nous proposait d'utiliser cette boussole pour choisir le bon cap.

Chapitre 3

LA BATAILLE INDUSTRIELLE EST AUSSI CULTURELLE

Je crois à l'avenir industriel de la France. Mais je suis aussi convaincu qu'il passe par l'Europe. Pourquoi ? D'abord parce que l'Europe est l'échelle pertinente non seulement pour exister mais aussi pour peser au niveau mondial. Nous l'oublions trop souvent : l'Europe est un géant économique malheureusement souvent paralysé par son incapacité à produire et à porter un discours politique fort face à ses concurrents américains ou chinois. Ensuite, parce que je suis sincèrement convaincu que notre modèle européen est vertueux en ce qu'il cherche – et réussit souvent – à concilier des exigences perçues comme contradictoires.

Entre la Chine et les États-Unis, une troisième voie

Ce modèle européen, fruit de notre histoire, comporte de nombreuses variantes nationales, mais repose presque partout sur une volonté de prise en compte de l'ensemble des parties prenantes et sur l'exigence de recherche d'un équilibre entre puissance publique et secteur privé, ainsi qu'entre les États, les collectivités et les individus. Le modèle social européen est un trait distinctif de nos sociétés qu'il nous faut protéger et développer. La différence avec le modèle américain a été frappante durant les premières semaines de la pandémie : alors qu'aux États-Unis, 26 millions d'Américains étaient licenciés en quelques semaines en raison des impacts du Covid-19, et dépendaient ensuite des aides publiques individuelles, quitte d'ailleurs à être réembauchés tout aussi massivement avec le redémarrage de l'activité économique, les pays européens mettaient en place des politiques de recours massif au chômage partiel avec pour conséquence le maintien du lien entre les salariés et leur entreprise. L'objectif était double : ne pas laisser les individus seuls sur le bord de la route dans une période de crise aiguë où les repères disparaissaient, et permettre un redémarrage rapide et dynamique de nos économies à l'issue de la crise. Même s'il est encore trop tôt pour formuler des conclusions, la force du rebond de l'économie européenne, et singulièrement de la France, révèle la pertinence de l'approche. La capacité à préserver les revenus des ménages, même si les plus vulnérables ont souvent payé un lourd tribut à la crise, est à mettre à l'actif de notre modèle européen.

La Chine et les États-Unis sont, à leur manière, deux extrêmes du monde capitaliste contemporain : la Chine avec un système fondé sur la planification et la toute-puissance de l'État, incompatible avec nos convictions démocratiques et libérales. C'est l'intérêt de l'État qui prend le pas sur l'intérêt des individus et des entreprises, celui-ci utilisant toutes les ressources des technologies digitales pour assurer son hégémonie. Les États-Unis de leur côté se sont construits sur un modèle capitalistique et industriel fondé sur une large financiarisation de l'économie, où l'objectif de performance financière prend le dessus sur l'intérêt de l'individu et sur celui de la collectivité. Ce modèle économique peut être prédateur et rend en tout cas difficile le développement d'une vision à long terme. J'en ai fait la dure mais formatrice expérience lorsque je dirigeais Rhodia. J'étais alors soumis, au cœur de la crise, à la pression agressive des *hedge funds* anglo-saxons entrant et sortant au quotidien du capital du groupe, tandis que je luttais avec mes équipes pour construire une stratégie de sortie de crise dont la mise en œuvre s'est étalée sur plusieurs années. C'est cette approche, poussée à l'extrême, qui a été directement responsable de la crise financière de 2008.

De ce modèle européen, hérité de décennies de dialogue social, nous devons faire un atout concurrentiel. J'ai pu constater dans mes différentes fonctions à quel point le dialogue avec les représentants des salariés est un aspect essentiel de la responsabilité du dirigeant mais aussi un levier de performance qu'il doit solliciter avec conviction. Les syndicats sont des interlocuteurs indispensables à la vie de l'entreprise et le dialogue social un vecteur d'efficacité et d'alignement des intérêts et des énergies. Autant dire que je m'inquiète de voir les syndicats s'affaiblir et l'abstention aux élections syndicales devenir massive dans certains pays dont la France. Je pense au contraire qu'une représentation syndicale de qualité, forte et responsable est aujourd'hui indispensable à la mobilisation de l'entreprise et est une condition de la réussite des transformations que nous devons engager. C'est un marqueur de notre modèle européen que de savoir nourrir le dialogue avec les représentants du personnel et de travailler sur tout ce qui peut le dynamiser.

J'ajoute, sur un sujet proche, que la présence de représentants des salariés dans les Conseils d'administration est également un élément différenciant de notre modèle qui me paraît porteur lui aussi de performance et d'efficacité. Ces administrateurs apportent des angles de vue et des contributions très utiles, complémentaires de ceux des administrateurs indépendants, et enrichissent les débats, avec la conséquence d'aboutir, j'en suis convaincu, à de meilleures décisions. Leur arrivée progressive dans les Conseils d'administration des grands groupes français – alors qu'ils étaient présents depuis longtemps chez nos homologues allemands avec une gouvernance construite sur le principe de codétermination – a été le plus souvent saluée et considérée comme un progrès réel dans la qualité de la gouvernance.

Un autre élément de différenciation de l'Europe est notre conscience accrue de la nécessité de répondre au défi environnemental et climatique. Ceci ne veut pas dire que tout va bien, au contraire, mais sachons reconnaître ce qui nous fait avancer. Un large consensus s'est construit au fil de la crise sanitaire sur le fait que notre planète est fragile, notre modèle de société vulnérable, et qu'une réaction vigoureuse s'impose pour éviter une catastrophe dont nous avons touché du doigt la réalité dans les premières semaines du confinement du printemps 2020, avec nos villes désertes devenues le décor d'un improbable film catastrophe. La crise sanitaire et la crise climatique répondent à des mécaniques très différentes, la première nous a surpris par sa soudaineté, les effets de la seconde ne nous apparaîtront qu'au long des années, voire des décennies. Pourtant la pandémie a produit un choc psychologique déterminant et une prise de conscience salutaire. Si la crise sanitaire se traite, nous le voyons aujourd'hui, par des vaccins et des protocoles de soins, la crise climatique, quant à elle, est inexorable et le retour en arrière impossible à vision humaine. Saluons ceux qui, au cœur même de la crise, ont su engager la réflexion sur des plans d'action à long terme alors même que nous étions dans la précipitation des mesures d'urgence. Je suis frappé de voir que dès la mi-2020 les premières ébauches de plans de relance préparées en France, en Allemagne ou par la Commission européenne faisaient de la transition énergétique et climatique une priorité.

Les normes : nerf de la guerre

L'Europe, je le disais, dispose d'un modèle qui lui est propre, un modèle vertueux, fondé sur nos valeurs d'universalisme et d'humanisme, un modèle que nous devons défendre et mettre en avant, faute de quoi d'autres l'emporteront. Entre le capitalisme de surveillance généralisé chinois et le capitalisme financiarisé américain, nous devons imposer de nouveaux standards pour un capitalisme de la transition énergétique et climatique, fidèle à nos convictions. Il faut savoir transformer les idées et les principes en actes et cela passe par la bataille des normes. L'Europe doit assumer d'être une « puissance normative » qui contribue activement à la définition de nouveaux standards de mesure de la performance extra-financière permettant d'évaluer et de comparer les politiques mises en œuvre par les entreprises en matière de Responsabilité Sociale et Environnementale. Concrètement, cela signifie par exemple d'utiliser la négociation des accords de libre-échange mais aussi avoir une action diplomatique européenne forte dans le but de protéger et de promouvoir ce modèle européen.

Je suis également convaincu que les grands groupes multinationaux d'origine et de culture européennes ont un rôle déterminant à jouer pour projeter notre modèle social hors de nos frontières. Quand Danone, Solvay ou Engie créent des droits sociaux minimaux qui s'appliquent à l'ensemble de leurs salariés, nous participons à cette défense du modèle européen. Lorsqu'en 2017, chez Solvay, nous avons introduit « Solvay Care », qui posait le principe d'un congé maternité de quatorze semaines au moins s'appliquant à l'ensemble de nos salariées, nous avons non seulement eu un impact très visible dans les pays en développement qui ne connaissaient pas ce type de droits mais également aux États-Unis où la protection offerte est, dans la plupart des sites, très inférieure à ce qui est aujourd'hui un standard européen. Et, dans un contexte de guerre des talents, nous faisions d'une pierre deux coups en créant les conditions pour attirer les meilleurs potentiels féminins.

Nous sommes engagés dans une bataille culturelle qui vise à promouvoir le modèle économique, industriel et social de demain, il nous faut maintenant nous aligner pour la gagner.

Pour autant, nous ne sommes pas les seuls à avancer dans cette voie et c'est très bien ainsi. Au printemps 2021, aux États-Unis, le fonds d'investissement activiste « Engine N° 1 » a réussi à faire élire trois représentants au Conseil d'administration d'ExxonMobil, alors même qu'il ne possédait que 0,02 % du capital de l'entreprise. « Engine N° 1 » a su tenir un discours convaincant sur la nécessité de renoncer au « tout énergies fossiles » pour engager l'entreprise dans des stratégies environnementales de long terme plus en ligne avec les impératifs de protection de la planète. Il a réussi à rallier à lui d'autres actionnaires, dont BlackRock, premier gestionnaire d'actifs au monde. En 2020, dans sa traditionnelle lettre annuelle aux dirigeants d'entreprise, Larry Fink, PDG de BlackRock, déclarait que la pandémie nous a « contraints à relever plus vigoureusement le défi du changement climatique ». Qu'un tel acteur de la finance internationale affiche sa volonté de réaffecter de manière aussi claire et aussi massive ses capitaux vers les actifs « verts » est à la fois un événement symbolique et l'annonce de changements majeurs dans les années à venir. Il déclare dans le même temps qu'il communiquera désormais un indicateur d'alignement de température implicite pour ses fonds d'actions cotées et d'obligations (afin de mesurer l'efficacité climatique de ses portefeuilles), ainsi que pour ses actifs, et vise zéro émission nette de carbone en 2050. Larry Fink demande ainsi à toutes les entreprises cotées de publier leur plan pour s'aligner sur l'objectif de limiter le réchauffement climatique à moins de 2 °C d'ici à 2050.

Cette prise de conscience et ces engagements constituent bien sûr de très bonnes nouvelles. Ils ne doivent pas pour autant masquer les différences d'approche ni le fait que l'Europe a, dans ce domaine, une vision plus large, plus inclusive et plus structurée. Il nous appartient de les défendre dans les discussions qui s'ouvrent pour aboutir à un cadre de reporting sinon commun, au moins mutuellement reconnu par les investisseurs des grandes régions du monde.

Car nos actionnaires sont entrés de plain-pied dans ces débats. Je le disais, un des grands changements de la décennie qui s'ouvre est la volonté des investisseurs de mesurer les externalités environnementales et sociales de leurs investissements. La normalisation du reporting extra-financier est un sujet phare pour l'avenir de l'industrie européenne. Nous sommes capables d'identifier les bons indicateurs et d'établir des standards qui incarnent la réalité du modèle éco-responsable européen. Nous devons désormais nous assurer qu'il sera pris en compte dans les normes internationales.

J'ai souvent dit aux dirigeants politiques avec lesquels j'échangeais qu'il est facile de tenir des discours lyriques sur l'industrie, mais qu'il ne faut pas oublier le concret, et en particulier l'importance de ces normes. Alors que l'alliance anglo-saxonne plaide en faveur de l'homogénéisation du reporting des informations extra-financières, il faut à tout prix valoriser notre modèle européen et ses spécificités pour éviter de se laisser imposer une vision américaine des standards de la Responsabilité Sociale et Environnementale trop influencée par les entreprises et les investisseurs anglo-saxons. C'est ce que la Commission européenne a décidé de faire, en ouvrant il y a quelques mois une consultation pour la révision de la directive sur le reporting extra-financier (NFRD : *Non financial reporting directive*). L'enjeu : renforcer l'obligation de 6 000 grandes entreprises européennes à communiquer publiquement sur leur façon de traiter des questions sociétales et environnementales majeures, comme le changement climatique et la transition bas-carbone.

Dans le même temps, l'annonce par l'instance internationale qui gouverne les IFRS (IASB) de la création de l'International Sustainability Standards Board en novembre 2021 à l'occasion de la COP 26 à Glasgow montre que la compétition est ouverte entre les diverses approches renvoyant à des modèles de capitalisme eux aussi différents.

Les discussions qui s'annoncent seront ardues et nous devons tous, acteurs privés comme publics, nous engager pour faire prévaloir nos convictions, notre culture et notre histoire dans la construction d'un référentiel qui puisse être utilisé efficacement dans les échanges entre une entreprise et ses «parties-prenantes» financières (investisseur en capital, en dettes, banquiers...) et ceci idéalement à l'échelle planétaire.

Mais nous le savons, le référentiel extra-financier *via* un ensemble de règles est déterminant – mais pas suffisant – pour imposer la vision d'un capitalisme durable. Il faut aussi soutenir l'émergence et le développement d'agences de notations extra-financières et de « proxy advisors » (les agences qui conseillent les investisseurs sur les votes qu'ils doivent émettre au moment des assemblées générales) sensibles à cette vision et qui contribueront à la partager et à la développer. Et éviter que ces acteurs-ci ne tombent trop vite dans le giron de groupes anglo-saxons, ce qui semble hélas se produire trop fréquemment…

Si nous voulons pousser nos standards au niveau mondial, il faut d'abord accepter d'homogénéiser nos législations nationales dans un cadre européen et résister à la tentation du « toujours plus » ou du « un peu différent du fait de nos spécificités » qui conduit à multiplier les particularismes. Les États membres doivent comprendre que c'est un enjeu de compétitivité pour l'ensemble de l'Europe que d'avancer d'un même pas et de présenter un front uni.

En matière d'investissement responsable, un exemple à méditer nous est fourni par l'exercice mené ces deux dernières années par la Commission européenne qui répond au joli nom de « taxonomie des investissements ». L'idée est simple : offrir aux investisseurs une liste des secteurs répondant aux objectifs de la transition énergétique et climatique établis par l'Union européenne. La réponse des investisseurs, quelquefois perplexes face à la multitude des critères et des options qui s'offrent à eux, a été favorable et beaucoup d'entre eux nous disent que cette taxonomie constituera en effet une grille de lecture qui les guidera dans leurs choix d'investissement.

Malheureusement, sur ce sujet, l'approche de la Commission et de ceux qui la conseillent a conduit à une liste très restrictive d'activités (environ 10 % de l'économie européenne d'aujourd'hui) qui me semble correspondre dans les faits à la vision de ce que sera l'Europe en 2050, alors que la priorité des prochaines décennies est d'identifier et de favoriser les investissements permettant de réaliser cette transition et donc d'investir massivement dans les secteurs en cours de transformation pour la rendre possible et rapide.

Pour illustrer ce débat, faut-il par exemple soutenir un constructeur de véhicules électriques de création récente et déjà largement financé par le marché ou aider un acteur traditionnel du secteur automobile à transformer ses produits ? La taxonomie telle qu'elle est conçue aujourd'hui apporte une réponse simpliste à cette question. Dans le domaine énergétique cette démarche a conduit à ouvrir un débat sur la manière de traiter des secteurs comme le nucléaire et le gaz. À propos du nucléaire, il paraît évident, en particulier vu de France, qu'il faut reconnaître l'importance de cette source d'énergie sans laquelle la réalisation des objectifs de l'Accord de Paris apparaît tout simplement impossible. Par ailleurs, l'utilisation du gaz est, pour les prochaines décennies, le vecteur essentiel de décarbonation des pays pour lesquels le charbon représente une part importante du bouquet énergétique, en particulier l'Allemagne et l'Europe centrale. Le gaz est également un complément efficace et indispensable des énergies renouvelables parce qu'il alimente des centrales très flexibles capables de compléter et de remplacer la production des champs de panneaux solaires ou d'éoliennes lorsqu'il y a peu ou pas de soleil ou de vent. Bien sûr, ce gaz doit être complètement décarboné à l'horizon 2050 et ce processus a déjà commencé grâce au biogaz (qui représente aujourd'hui 1 % du gaz distribué en France et devrait atteindre 10 % en 2030) et à moyen terme à l'hydrogène. Mais le rôle du gaz dans la transition apparaît essentiel dans les vingt prochaines années et l'exclure de la taxonomie, et donc de cette catégorie d'investissements à encourager, serait une erreur.

Ce sujet a donné lieu ces derniers mois à des débats intenses au plus haut niveau des institutions européennes, preuve de l'importance des enjeux. Un compromis s'esquisse aujourd'hui qui dessinera je l'espère une réponse pragmatique permettant à ces activités et aux acteurs économiques qui les développent l'accès aux capitaux nécessaires. Mais l'intensité des échanges qui auront précédé cette décision démontre l'impact majeur que peuvent avoir les décisions normatives en matière d'investissement responsable et de performance extra-financière.

Il n'y a de richesse que d'hommes

La bataille pour imposer notre modèle européen se joue aussi dans les politiques d'éducation et de recherche et dans le soutien apporté à tous les acteurs qui constituent nos écosystèmes d'innovation. L'industrie d'hier a façonné des territoires et des hommes. Celle de demain doit se donner la même ambition.

J'ai pu, au long de ces années passées dans l'industrie chimique ou dans l'énergie, et au fil des nombreuses visites de terrain qui les ont rythmées, mesurer le rôle d'intégrateur que l'industrie peut jouer vis-à-vis des jeunes préparant leur entrée dans la vie active. Les formations en alternance offrent un parcours qui permet à ceux qui n'ont pas le goût ou les capacités de s'engager dans des études longues de se rapprocher rapidement et efficacement de l'emploi. Nos collègues allemands avaient beaucoup d'avance sur ce sujet mais nous avons assisté ces dernières années en France à une accélération très marquée du recours à l'apprentissage, avec la levée de certains obstacles administratifs, mais aussi et surtout culturels. L'entreprise y trouve son compte en formant des jeunes à des métiers qui lui sont nécessaires mais qui sont mal pris en compte par le système de formation classique, en parallèle les jeunes bénéficient de parcours efficaces qui les préparent très concrètement et directement à occuper un emploi. Les échanges que j'ai pu avoir lors de visites de sites en compagnie d'apprentis étaient riches et souvent émouvants. J'ai souvent entendu ces jeunes m'expliquer leurs inquiétudes, les *a priori* vis-à-vis du monde industriel et de ses contraintes. Ces inquiétudes s'effaçaient au fil des semaines, du fait de l'accueil que leur réservaient leurs collègues plus anciens et de la découverte des métiers de la chimie et du secteur de l'énergie, qui offrent une réelle autonomie et un potentiel de développement personnel et de progression avéré.

Comme dirigeant, j'ai souvent été désolé de voir des chercheurs ou des ingénieurs de talent quitter l'Europe. Par des projets mobilisateurs, nous devons aider à créer des vocations et donner à ces talents l'envie de rester et de contribuer à nos futurs succès. La Commission européenne anticipe en 2025 une demande d'emploi pour les secteurs des sciences, technologie, ingénierie et mathématiques (STEM) trois à quatre fois supérieure aux besoins en emploi des autres secteurs. Mais pour que les jeunes aient le goût de s'engager dans ces études, encore faut-il leur en donner l'envie. Ils doivent pouvoir se projeter dans un avenir qui les engage. La Chine forme chaque année 4 millions d'étudiants dans ces matières et l'Inde plus de 2 millions. On ne décidera pas d'un coup de baguette magique d'en faire autant en Europe mais nous devons reconnaître l'importance du défi à relever et offrir à notre jeunesse cette perspective, qu'il s'agisse de carrières de techniciens, d'ingénieurs ou de chercheurs !

J'ajoute sur ce sujet une préoccupation particulière, liée à la difficulté d'attirer des jeunes filles dans ces formations scientifiques et techniques. Un ensemble de biais inconscients sans doute développés dès les premières étapes de la scolarité conduit à les en éloigner. Ce déséquilibre de genre, très marqué dans certaines formations universitaires ou dans les classes préparatoires scientifiques, a pour conséquence factuelle que les jeunes femmes représentent moins du tiers des promotions sortantes des grandes écoles d'ingénieurs généralistes. Nous nous privons ainsi de talents, alors que dans le même temps, les entreprises et leurs dirigeants mènent des politiques actives de promotion de la diversité qui rencontrent rapidement une limite si le vivier de diplômés scientifiques et techniques est déséquilibré.

S'agissant du trop faible nombre d'étudiants dans la filière scientifique et technique, nous nous heurtons, en France, à deux écueils : le premier, une culture élitiste qui fait que nous produisons avec fierté des prix Nobel (pas assez) et des médailles Fields (beaucoup), voire des ingénieurs pour les grands corps techniques de l'État, mais que nous négligeons les métiers indispensables à notre tissu industriel. Le second écueil, ce sont des activités de recherche et de développement encore trop faibles comparées à nos concurrents internationaux. En 2019, l'Europe a dépensé 306 milliards d'euros en R&D, soit 2,2 % du PIB. En comparaison, la Corée du Sud dépense 4,5 % de son PIB et les États-Unis 2,8 %. C'est particulièrement le cas dans les technologies de rupture comme l'intelligence artificielle, le cloud ou encore l'informatique quantique. Dans ces secteurs, seuls des projets européens peuvent conduire à développer les infrastructures technologiques capables de rivaliser avec les autres puissances économiques. Cette décennie doit être celle d'une ambition affirmée pour une fierté retrouvée. Nous en avons les moyens. L'Europe, avec son programme « Horizon Europe » qui prévoit près de 100 milliards d'euros en soutien à la recherche et à l'innovation, notamment pour attirer les meilleurs talents, a ouvert le chemin. Il nous faut amplifier cette action en jouant de la complémentarité entre l'Europe et les États qui la composent, entre les efforts des acteurs publics et privés.

Là aussi les bases sont solides. Au fil de mes années chez Rhodia puis Solvay, j'ai été impressionné par le concept d'équipes de recherche mixtes développées avec le CNRS. Faire travailler dans le même laboratoire des chercheurs venus d'entreprises et de grands instituts de recherche publique est très fructueux. Cela permet aux uns d'avoir accès aux meilleures idées issues d'une recherche plus fondamentale, et aux autres de se confronter à l'application pratique de leurs idées, le tout au service de l'innovation. Nous avons eu chez Solvay jusqu'à quatre de ces équipes dont une localisée en Chine et une autre aux États-Unis.

Encore un exemple où la collaboration entre acteurs publics et entreprises privées est féconde !

Chapitre 4

L'EUROPE, TERRE DE PROJETS

Sans revenir à l'invention de la machine à vapeur en 1769, l'Europe fut au fil des derniers siècles au cœur de révolutions industrielles majeures, du textile à la métallurgie, de la chimie à l'énergie, des sciences de la vie aux concepts les plus avancés de la science des données. Notre continent peut et doit redevenir une terre de grands projets.

Le continent des révolutions industrielles

On oublie parfois que la première étape de la construction européenne s'est réalisée sur des projets industriels très concrets. La Communauté européenne du charbon et de l'acier (CECA) a vu le jour en 1951 : l'ambition des «pères fondateurs» de l'Union européenne était claire : œuvrer à la reconstruction économique en soutenant massivement l'industrie et créer les conditions de la stabilité et de la paix par la coopération. La grande réussite du projet de la CECA est d'avoir engendré un effet de «ruissellement» : l'intégration dans le secteur du charbon et de l'acier s'est étendue par ricochets à d'autres secteurs économiques.

Quand on veut, on peut. Il est intéressant de regarder la manière dont une ville-État comme Singapour, que rien ne prédisposait à devenir une puissance industrielle, a réussi à développer au fil des années une plateforme de production dans le domaine de la chimie égale aux meilleures références américaines ou européennes. J'ai gardé le souvenir très précis d'un échange avec le Ministre singapourien de l'Économie dans les années 2000. Celui-ci m'avait expliqué le choix surprenant mais au fond très rationnel fait par le gouvernement d'investir massivement pour créer une île artificielle, Jurong Island, avec l'objectif d'en faire une plateforme. Les arguments étaient simples : le choix d'un secteur industriel très capitalistique assurait un objectif de pérennité ; la filière exigeait un personnel qualifié donc bien rémunéré et la profitabilité de la filière au long d'un cycle économique garantissait d'alimenter les caisses de l'État par les impôts générés. Singapour s'était fixé un objectif ambitieux de la part que devait représenter l'industrie lourde dans le PIB. Il a été atteint. Cet exemple m'a toujours semblé inspirant.

Comme l'indique très justement le politologue bulgare Ivan Krastev dans son essai *Le Destin de l'Europe*, depuis le Brexit, l'Europe a pris conscience que l'intégration n'était pas linéaire et que la désintégration était possible. Pour recréer une dynamique d'intégration, nous devons reprendre la méthode de nos prédécesseurs et mettre en avant de grands projets industriels à construire ensemble. Aujourd'hui, c'est bien entendu autour des nouvelles technologies et de la transformation énergétique et climatique que nous devons les bâtir.

L'Europe des batteries

Je pense en particulier à la mobilité. La Commission européenne a engagé depuis de nombreuses années une démarche structurée pour réduire les émissions des véhicules, au fil de réglementations successives qui visaient d'abord les polluants locaux et la qualité de l'air avant de s'engager dans la réduction des émissions de CO_2. Cette démarche culmine avec la proposition de suspendre la commercialisation de véhicules utilisant un moteur à combustion interne en 2035 en Europe. Par ailleurs, de grandes métropoles ont annoncé l'interdiction de véhicules à moteur thermique sur leur territoire. Une coalition d'États et de constructeurs automobiles a d'ailleurs annoncé, dans le cadre de la COP 26, un accord destiné à mettre fin à la commercialisation des voitures thermiques en 2040.

Pour l'essentiel, la solution reposera donc sur des véhicules électriques à batterie. Prenant conscience de l'importance des enjeux liés à la transformation de cette filière automobile, épine dorsale supportant une part importante de l'industrie européenne, la Commission européenne, la France, l'Allemagne et quelques autres États ont lancé fin 2017 la « European Battery Alliance ». Ce projet a depuis été élargi à plusieurs reprises. Les besoins en batteries lithium de grande capacité croissent très rapidement, alors que celles-ci sont aujourd'hui importées à 85 % d'Asie. Selon les chiffres publiés en décembre par la Commission européenne, la demande va être multipliée par quatorze entre 2018 et 2030, passant de 184 à 2 623 GWh par an. L'ambition est donc, en premier lieu, de produire en Europe des batteries lithium-ion qui reposent sur une technologie largement maîtrisée.

Ce projet s'inscrit dans une démarche communautaire appelée « PIIEC » (Projet Important d'Intérêt Européen Commun) qui crée une sorte d'exception aux contraintes communautaires en matière de droit de la concurrence – pour favoriser les coopérations entre entreprises potentiellement concurrentes – et d'aides d'États – pour permettre des financements publics. Il existe aujourd'hui 38 projets de gigafactories et les annonces se multiplient de la part des constructeurs. En juillet dernier, Renault et Nissan ont par exemple officialisé le lancement de deux projets d'usines de batteries, dont une dans le nord de la France. Fin septembre dernier, c'est Mercedes qui annonce rejoindre Stellantis et TotalEnergies avec pour ambition de bâtir le champion européen de la batterie automobile. Cette nouvelle entité prévoit de construire pas moins de quatre gigafactories sur le Vieux Continent, dont trois pourraient être situées en France. Et enfin, dans les derniers jours de l'année, Northvolt, le premier de ces projets, lancé en 2017, annonce le démarrage effectif de la production de son usine suédoise, localisée près du cercle polaire pour bénéficier de quantités importantes d'électricité verte, d'origine hydraulique, disponible dans cette région. À terme, cette usine produira les batteries nécessaires à l'équipement d'un million de véhicules électriques et emploiera 3 000 personnes. La Commission européenne estime que la filière pourrait permettre de créer 3 à 4 millions d'emplois d'ici 2030.

Au-delà, l'enjeu est bien sûr de développer de nouvelles générations de batteries utilisant des technologies de rupture développées dans les laboratoires européens et capables d'améliorer plus encore la performance des véhicules électriques produits par nos constructeurs européens.

Le nom « Airbus des batteries » a souvent été utilisé pour décrire ces projets. Il fait référence à ce qui constitue sans doute une des plus belles réussites industrielles des vingt dernières années en Europe – c'est-à-dire la création d'un constructeur d'avions commerciaux devenu leader établi sur le marché mondial des avions commerciaux moyen-courrier. Ces projets constituent à la fois une priorité nationale pour chaque État membre, et en particulier ceux qui sont concernés par l'impressionnante transformation du secteur automobile, mais également une priorité européenne source de fierté et d'un sentiment de fierté et d'identité. Car, après tout, qu'est-ce que l'Europe si ce n'est cette capacité à fédérer et à entraîner des peuples dans des projets communs… et pour certains industriels !

L'hydrogène, un projet mobilisateur essentiel à une transition énergétique efficace en Europe

L'expérience que j'ai acquise dans les secteurs de la chimie et de l'énergie m'a convaincu que l'Europe doit désormais lancer un ambitieux projet mobilisateur autour de l'hydrogène. Cette molécule possède des caractéristiques qui font d'elle un très original vecteur énergétique. Sous forme gazeuse, elle se transporte et se stocke très facilement avec une densité d'énergie élevée. On la produit à partir d'électricité renouvelable par simple électrolyse de l'eau et on peut la transformer à nouveau en électricité dans une pile à combustible ou la brûler en libérant de l'énergie et en produisant pour seul déchet... de l'eau !

Beaucoup d'initiatives ont été engagées ces dernières années pour soutenir différentes briques de la chaîne de production et d'utilisation de l'hydrogène. Le temps me semble aujourd'hui venu de nous fixer un objectif beaucoup plus ambitieux : développer, à l'échelle européenne, un réseau d'infrastructures de production, de transport et de stockage permettant de mettre de l'hydrogène décarboné et compétitif à disposition de tous les consommateurs potentiels. Ceci permettrait d'accélérer la transition énergétique et de la rendre plus efficace et plus abordable car l'hydrogène constitue un complément idéal de l'électricité.

L'hydrogène est d'ores et déjà largement utilisé dans de nombreuses industries lourdes comme la sidérurgie, la chimie ou le raffinage. Il s'agit aujourd'hui d'hydrogène produit à partir de gaz fossiles mais la disponibilité d'hydrogène vert compétitif contribuerait pour une large part à la décarbonation de ces secteurs. Il peut aussi être utilisé en substitution du gaz naturel dans des centrales de production d'électricité ou pour fabriquer de la chaleur, pour laquelle l'électricité est une source d'énergie peu efficace.

L'autre application importante est le domaine des transports. Stockable dans un réservoir facile à remplir, cet hydrogène peut être brulé dans un moteur thermique moyennant quelques adaptations. Il peut surtout être transformé en électricité dans une pile à combustible et alimenter un moteur électrique assurant la propulsion de camions, d'autobus, de trains, voire de véhicules particuliers, dès lors qu'un réseau suffisant de stations d'alimentation aura été réalisé, assurant à ces moyens de transport autonomie et rapidité d'approvisionnement, ce que les batteries ne peuvent pas aujourd'hui garantir. Le secteur maritime pourrait également utiliser de l'hydrogène, ou l'un de ses nombreux dérivés liquides que l'on appelle des « e-fuels ». Dans le domaine aérien, Airbus a annoncé développer un avion utilisant de l'hydrogène comme carburant, avec l'objectif de le faire voler en 2035.

Le principal défi à relever aujourd'hui est celui des coûts de production : les pistes de solutions sont connues ; d'abord, le prix du carbone, incitation forte à se tourner vers des formes d'énergie décarbonée, ensuite la massification des productions et des usages qui permettront, par un effet d'échelle, de réduire ces coûts. Le rêve ultime est donc bien un réseau de transport et de stockage d'hydrogène reliant des électrolyseurs placés près des champs d'éoliennes de la mer du Nord ou près des fermes solaires du sud de l'Europe, voire de l'Afrique du Nord, et qui irriguerait les zones de consommation européenne.

L'Europe a dans ce domaine une carte importante à jouer. Elle dispose des technologies, des savoir-faire et des entreprises capables de mener à bien un projet aussi ambitieux. Par son impact très capillaire dans de nombreux secteurs industriels et dans de multiples applications liées au transport, un tel projet contribuerait à transformer le paysage industriel européen. L'accès à cet hydrogène vert compétitif devenant un facteur de localisation critique pour certaines industries et un élément de différenciation de l'Europe vis-à-vis des autres grandes zones économiques de la planète. Certaines de ces régions d'ailleurs s'y préparent, comme le Japon, avec l'Australie comme zone de production, et quelques acteurs de la côte ouest des États-Unis.

Un des enjeux est bien entendu la nécessité d'un fort alignement entre décideurs publics et entreprises. La Commission européenne, la France, l'Allemagne et d'autres pays européens ont engagé des plans d'action avec des approches quelquefois différentes mais qui constituent une base solide pour avancer.

Il faut désormais relever le niveau de nos ambitions collectives et mieux nous aligner autour des objectifs et des outils financiers et réglementaires qui permettront de donner corps à cette ambition dans les plus brefs délais.

Je suis convaincu de l'importance de tels projets mobilisateurs qui va bien au-delà de leurs contributions économiques, sociales ou environnementales. Je me suis volontairement limité à deux d'entre eux relevant de secteurs que je connais bien, mais je suis persuadé que dans le domaine de la santé – par exemple dans les applications fascinantes de l'ARN messager et de l'immunothérapie – ou du digital – avec le développement de l'informatique quantique – cette approche est tout aussi pertinente.

CONCLUSION

Que souhaitent en majorité les Français lorsqu'ils regardent leur tissu économique ? Que nous répondions au défi climatique et environnemental tout en préservant leur qualité de vie, et ces souhaits sont encore plus fortement exprimés par les jeunes générations. Dans un monde de plus en plus fragmenté, ils s'interrogent aussi sur leur identité et sur la notion même de communauté de destin. Comment peut-on imaginer qu'un discours passéiste qui prône le retour au monde d'hier, dans le déni tout à la fois des réalités internationales et des faiblesses de ce modèle ancien, puisse constituer une réponse ? Après trente ans de mondialisation libérale, conduite non sans erreurs, il faut admettre que c'est un nouveau cycle qui s'ouvre. Un cycle qui place les enjeux climatiques et sociaux au cœur d'un nouveau modèle de prospérité. Il nous faut contribuer pleinement à ce nouvel âge de la mondialisation si nous voulons échapper à la montée des nationalismes autoritaires et aux conséquences délétères d'une démondialisation non coopérative.

L'Europe dispose de beaucoup d'atouts pour défendre son modèle. Un modèle construit autour d'un pacte social et d'une capacité à relever les défis multiples d'un développement plus durable. Ce qui nous manque aujourd'hui, ce sont des grands projets et les réussites qui seraient le support d'un récit collectif renouant avec le rêve. Le rêve, c'est être fasciné par la prouesse technique que constitue le fait de voler et non acter la fin du voyage aérien. Avec l'hydrogène, l'avion décarboné devient une réalité et c'est en Europe qu'il doit prendre son envol. Le rêve, c'est de continuer à voir des enfants grandir et de les nourrir tout en préservant nos ressources. Le rêve, c'est de continuer à explorer l'immensité du monde, des fosses océaniques les plus profondes jusqu'à l'infini de l'espace. Le rêve, c'est de lutter contre la maladie, d'inventer de nouveaux vaccins, de nouveaux traitements, de faire reculer la souffrance. Le rêve, c'est la foi dans le progrès, pas un idéal de retour en arrière qui prospérerait sur l'inquiétude et la peur. Nous avons en main tous les ingrédients pour construire un récit qui emporte les plus jeunes d'entre nous. Ce dont nous avons besoin maintenant, c'est que nos dirigeants créent les conditions qui permettent d'écrire ce récit et le portent. La France et l'Europe pourront compter sur nous, les acteurs économiques et sociaux, pour le mettre en œuvre !

BIOGRAPHIE

Jean-Pierre Clamadieu est diplômé de l'École Nationale Supérieure des Mines de Paris et Ingénieur au Corps des Mines.

Il débute sa carrière au sein de l'administration française, travaillant en particulier pour le ministère de l'Industrie, ainsi que comme conseiller technique du Ministre du Travail.

En 1993, il rejoint le groupe Rhône-Poulenc et occupe plusieurs postes de direction. En 2003, il est nommé Directeur Général, puis en 2008 Président-Directeur Général du groupe Rhodia. En septembre 2011, suite au rapprochement entre les groupes Rhodia et Solvay,

Jean-Pierre Clamadieu est nommé Président du Comité exécutif et CEO de Solvay, fonction qu'il occupe jusqu'en février 2019.

En mai 2018, il est nommé Président du Conseil d'administration d'Engie. Il est également Président du Conseil d'administration de l'Opéra National de Paris, administrateur d'AXA et d'Airbus.

REMERCIEMENTS

Un grand merci à toutes celles et tous ceux que j'ai rencontrés au fil de ces années passées dans l'industrie, de la chimie à l'énergie, des salles de contrôle aux laboratoires, des sièges aux unités de fabrications, de la France à la Belgique en passant par le Brésil, de Rhône-Poulenc à Engie en passant par Rhodia et Solvay...

Ce sont ces rencontres qui m'ont permis de forger les convictions que je partage dans cet ouvrage !

Merci à vous.

MIXTE
Papier issu de
sources responsables
FSC® C003309

L'éditeur de cet ouvrage s'engage dans une démarche
de certification FSC® qui contribue à la préservation
des forêts pour les générations futures.

Pour en savoir plus :
www.editis.com/engagement-rse/

Imprimé en France
par Normandie Roto Impression s.a.s.
Dépôt légal : mars 2022
N° d'impression : 2200683
ISBN : 978-2-7491-7400-6